दान की महिमा

दान का व्यापकत्व और बहुआयामी पक्ष

चंदन सुकुमार सेनगुप्ता

ISBN 978-93-5559-235-4
© Chandan Sukumar Sengupta 2021
Published in India 2021 by Pencil

A brand of

One Point Six Technologies Pvt. Ltd.
123, Building J2, Shram Seva Premises,
Wadala Truck Terminal, Wadala (E)
Mumbai 400037, Maharashtra, INDIA
E connect@thepencilapp.com
W www.thepencilapp.com

Author biography

नाम : चंदन सुकुमार सेनगुप्ता

पिता : स्व. सुकुमार मन्मथनाथ सेनगुप्ता

पूरा पता : अरविंद नगर, बांकुड़ा - ७२२१०१ (प. बंगाल)

फ़ोन : ९४७४८६४६१३

ई-मेल - [senjics@gmail.com]

शैक्षणिक पात्रता : प्राणी विज्ञान, कंप्यूटर विज्ञान और तुलनात्मक धर्म दर्शन में उच्च आदयायन।

शैक्षिक प्रौद्योगिकी में शोधात्मक अध्ययन

भाषा ज्ञान : बांग्ला, हिन्दी, मराठी व अँग्रेज़ी (बोलना और लिखना)

प्रकाशन   : सौ से अधिक प्रकाशित किताबें |

प्रमुख शोधात्मक प्रकाशन: १. भारतीय वातावरण में मुल्यबोध आधारित शिक्षा

(एन. सी. ई. आर. टी.)

२. वनांचल में सहभागी (एन. सी. ई. आर. टी.)

3. चैतन्य्मय अध्यापन (एन. सी. ई. आर. टी.)

४. गीता ज्ञान प्रवेशिका (अँग्रेज़ी, बांग्ला और हिन्दी में)

५. भगवदगीता : निबंध संकलन

CONTENTS

दान की प्रतिष्ठा

भारतीय शास्त्र और परंपरा में दान को काफ़ी महत्व दिया गया है; दान ही है जो व्यक्ति से व्यक्ति की दूरियों को कम करते हुए एक समग्रता की दृष्टि से सबको क्रियाशील रहने का मौका देता है | दान को सभी धर्म मतों में काफ़ी अहमियत दिए जाने के कारण इसकी प्रतिष्ठा भी बढ़ी और इसमें कई आयाम भी जुड़ते चले गये |

दान के कई बड़े बड़े कारनामे भी हमें याद तो होंगे ही | कहते हैं राजा हरिश्चंद्र श्री गंगा के तट पर खड़े खड़े सबकुछ दान कर दिया करते थे | इस दानवीरता के क्रम में श्री महाबली का नाम भी आता है; जिन्हें दान वीरता के कारण ईश्वर के पैरों तले दबना पड़ा, फिर भी अडिग रहे | जिन्होंने भी दान दिया और जिन्होंनने भी दान लिया, क्या दोनों समूहों में कुछ ख़ास रिश्ते बन भी पाते हैं, या फिर यह सिलसिला एकतरफ़ा ही रह जाता है? क्या दान देनेवालों को हर समय देते ही रहना होगा, या फिर माँगने की भी नौबत आ सकती है?

कहते हैं एकबार एक भिक्षु कुछ पाने की आश् लगाए राजपथ पर खड़ा था; वह पथ था ही राजाओं के राजा के गुजरने का नित्य का पथ | राजाधिराज जब भी देते हैं उसमें जीवन भर का गुज़ारा हो सकेगा; इस सत्य को आधार लेकर भिक्षु खड़ा रहा | खुशियों से उसकी आँखें चमक रही थी | उसकी कल्पना को वास्तवायित करते हुए श्री राजाधिराज का दिव्य रथ उस रेशमी लकीर पर दिखने लगा जहाँ धरती और आसमान का मेल मिलाप चलता है | भिक्षु के हाथ काँपने लगे, क्या वो इस दिव्य पुरुष के सामने हाथ फैलाकर कुछ माँग पाने का साहस जुटा सकेगा? क्या उसे ईश्वर के दिए आत्मबल को संबल बनाकर उस सनातन पुरुष से कुछ माँगने की नौबत आएगी भी, या फिर वो खुद ही उतरकर झोली भरेगा?

राजाधिराज का रथ भिक्षु के बिल्कुल करीब आ गया; पूरा परिसर धूल से भर उठा | धूल हट जाते ही भिक्षु ने देखा उस दिव्य पुरुष के दोनों हाथ उस दीं दुखिया के सामने कुछ माँगने के लिए पसर चुके थे ! ये क्या ! इतना बड़ा मज़ाक, वो भी राजाधिराज करे !

कुछ कह पाने की स्थिति उसकी थी ही नहीं | सिर्फ़ झोली से कुछ गिने चुने अन्न के दाने उन हाथों पर रखते हुए भिक्षु काफ़ी मायूस हो उठा |

मायूसी के कारण भिक्षु अपनी कुटिया में आ गया और दिनभर की घटना के बारे में सोचते हुए अपने किस्मत को कोसने लगा | कुछ उबालकर खाने के लिए दाने भी अलग किए जाने थे | उन दानों को पहचान के मुताबिक छाँटकर अलग करते हुए कुछ ऐसे चमकनेवाले दाने मिले जिनका मूल्य उन दिनों एक एक राज्य के बराबर था | अब भिक्षु चौंका, और और अपने दिए हुए दानों की संख्या से चमकने वाली दानों की संख्या मिलाने लगा | यह जादुई चमत्कार एक ही व्यक्ति कर सकता है , लेकिन परेशानी तो इस बात को लेकर है कि कैसे यह चमत्कार उसने किया होगा !

जो भी हो, भिक्षु अब किस्मत को कोसना छोड़कर तत्पर हुआ और उस दिव्य पुरुष को अपना सबकुछ देने का संकल्प ले लिया | उसकी समझदारी के क्षेत्र का निर्माण हो उठा और खुद को मूल्यवान बनाने के लिए राजाधिराज के सामने सर्वस्व देने का संकल्प कर लिया | यही वो पड़ाव है जहाँ व्यक्ति आत्मदान के लिए तत्पर हो उठेगा और समर्पण भावना से ओतप्रोत होकर सर्व शक्तिमान के सामने अडिग बना रहेगा | संत विनोबा भी इसी आत्मदान और सर्व शक्तिमान के प्रति खुद को समर्पित कर देने के लिए अडिग थे |

दान का शास्त्रीय पक्ष

कहते हैं हर चीज़ में अधिकता कभी भी शास्त्र संगत नहीं हो सकता; राजा बलि को उस अधिकता से रोकने के लिए ही वामनावतार के रूप में विष्णु प्रकट हो गये थे, पर वो ऐसा न कर पाए | उन्होंने यह भी संकेत दे दिया कि जिन संपदाओं को राजा बलि खुद का मान रहे थे वो तो प्रकृति के गुणों से बँधा होने के कारण उनके नियंत्रण में था ही नहीं | भला कोई नैसर्गिक वस्तुओं का स्वामी कैसे हो सकता है ! फिर दान देने की नौबत तो आ ही नहीं सकती |

उन्नत विचार रखने वाले कुछ लोग इस अवधारणा को समझ पाते होंगे, सामान्य जनों के लिए तो समझ पाना कठिन ही होगा | कभी कभी सामान्य जन अपने कारनामों से लोगों को अचरज में डाल देते हैं; ऐसी एक घटना गुजरात प्रांत के किसी गाँव की है | उन दिनों एक संत पैदल चलते चलते उस गाँव में दाखिल हुए, लोगों ने उनके लिए किसी

सामुदायिक स्थल पर ठहरने का इंतज़ाम किया | लोग आते गये, अपनी अपनी समस्याओं के बारे में बात करते रहे; कइयों ने फल भी लाए | एक और व्यक्ति दिन ढलने के साथ आया और कमरे के कोने में जाकर बैठ गया | संत श्री सोचने लगे; इसकी समस्या ज़रूर कुछ बड़ी और जटिल सी होगी जो कि ये सबके सामने कहना नहीं चाहता होगा | बेहतर हो उसे इंतजार करने दें और अंत में ही पूछें |

वो अंत समय आख़िर आया; सब विद्व जन चले गये | हैरानी तो इस बात को लेकर होती है कि उनमें से किसी ने यह नहीं सोचा कि महात्मा खाएँगे क्या ! उनके पास भोजन बनाने लायक कुछ सामग्री है या नहीं! आख़िर उसी आगंतुक को संत श्री उसके रुके रहने का कारण पूछे तो उसने जो कहा वो तो संत श्री के अपने संत, तपस्वी और भक्त होने के सभी अभिमान को निर्मल जल की भाँति बहाकर ले गया | उसने नम्रता से कहा, "आपके भोजन की क्या वनस्था है, सब तो चले गये !"

संत श्री के आँखों से पानी छलकने ही वाला था, थोड़ी देर मौन रहे | यह उनके अभिमान और ओह के धुले जाने का वक्त चल रहा था |

फिर उस आगंतुक ने कहा, "मैं तो अछूत जाती से हूँ ; आपको उबालकर नहीं दे सकता | कच्चा समान ला देता हूँ, उबालकर खा लें |"

अब संत श्री उठे और उसे पका हुआ खाना लाने के लिए कह दिए | यह वही दानवीरता है जिसके कारण एक सामान्य व्यक्ति अपने वात्सल्य के कारण धर्म निभाने के लिए आगे आया और एक बड़े समुदाय को लज्जित होने से बचा लिया |

प्रकृति से व्यक्ति के एकरूपता का सिद्धांत आज कोई नया अभिमत नहीं है; सांख्य सूत्र के प्रणेता आचार्य कपिल भी इसकी महिमा प्राचीन काल में ही बता चुके थे | उसी दर्शन को आधार मानकर रामायण, महाभारत, गीता आदि ग्रंथों में तत्वों का प्रतिपादन होता आया है | वतुस्थिति बदलने से भी तत्वगन सम्मेलन में कोई बदलाव आने की संभावना नहीं है | तत्वों का संकर्षन भले ही हो सके पर उसका परिमार्जन नहीं हो सकता | इस विषय को अधिक सरल बनाने के लिए हम खेत और बीज के सम्बन्ध को ले सकते हैं | खेत, खेतों में विद्यमान रसायन और पानी में कोई बदलाव अरबों साल से नहीं आया है, पर जीव जगत में विवर्तन की धारा के अनुरूप बदलाव आते रहेगा | उस बदलावव के साथ सामंजस्य रखते हुए हमें अग्रसर होना होगा |

दान में कुंठा

यह विषय कुछ ऐसा है जिसे विवेकपूर्ण व्यक्ति बड़ी आसानी से मान्य करेंगे, और तर्क के विपरीत तर्क का पहाड़ खड़ा हो सकता है | भारतीय परंपप्रा में गुप्त दान की बड़ी महिमा बताई जाती है | कुछ दाता हैं भी ऐसे, जिनको दान के बारे में जाहीरात नहीं करना है और न ही उन्हें कोई प्रतिष्ठा की गणित से बनियाई का प्रदर्शन करना है | पर उसमें से भी कुछ लोग इसमें काफ़ी संवेदनशील होते हैं | किसी आश्रम में भक्तों की जमात आई थी और वहाँ गुप्त दान का मुहूरत चल रहा था | एक सज्जन गुप्त दान के सफेद लिफाफे पर अपना नाम लिखकर भेज दिए | श्री प्रबंधक महोदय से यह भी कहा गया कि उनके दान की घोषणा मंच पर से कर दी जाए और यह भी इशारा कर दिए जाएँ कि वो दाता कहाँ बैठे हैं | अब तो गुप्त दान की महिमा ही संकट में आ गई ! न तो उस दान का कोई औचित्य रहा और न ही उसे देनेवाले का पुन्याई | एक ही घटना से सबका जलाभिषेक हो गया |

अपने देश में सर्वस्व दान करने वाले कई संत महात्मा हुए और उनके दान देने की महिमा भी गाथाओं और पुराणों में दर्ज है | पर अधिकता पर अंकुश लग्गते हुए संत महात्मा कहते हैं :

अतिदर्प   हता

लङ्का अतिमाने च कौरवाः ।

अतिदाने

बलिर्बद्धः सर्वमत्यन्तगर्हितम् ॥

अर्थात, ज़्यादा घमंड होने के कारण लंका के राजा को बचाया न जा सका | श्री हनुमान और श्री अंगद के भेजे जाने पर भी लंका के राजा रावण अपनी भूमिका पर अडिग रहे और मर्यादा पुरुषोत्तम राम से किसी भी प्रकार से सुलह करने से इनकार कर दिया | रुद्र का उपासक होते हुए भी रुद्र के अवतार स्वरूप को पहचान ही नही पाए | ज़्यादा मान मर्यादा और कुल गौरव की गाथा गाते गाते कुरू वंश के राजकुमारगण धर्म पथ से ही हट गये और उनका विनाश हो गया | संतोषी स्वाभाव के पांडवों को मात्र पाँच गाँव देने से भी दुर्योधन ने इनकार कर दिया ; नतीजा तो हम सब जान ही रहे हैं | ज़्यादा दान करने के कारण और अपनी दानवीरता को जग जाहिर करने की आकांक्षा के कारण राजा बलि को ईश्वर के पैरों तले प्राण

त्यागना पड़ा | इन घटनाओं से यही अभिप्रेत है कि हर प्रकार की अधिकता हानिकारक है | संतोषी स्वाभाव का कोई व्यक्ति अधिकता के मार्ग पर जा ही नहीं सकता | अगर कोई अधिकता के मार्ग पर जाता हो तो फिर उसे संतोषी नहीं कहा जा सकेगा |

भूमिदान -- ग्राम दान

आज़ादी के बाद की परिस्थिति में लोक तंत्र के आधार पर सत्ता परिवर्तन की धूरी के मुताबिक भूमि सुधार क़ानून में भी काफ़ी फेर बदल किया गया | जिनके पास ज़्यादा ज़मीनें थी उन्हें दो पर्याय दिए गये : या तो पहल करते हुए स्थानीय स्तर पर भूमिहीनों को ज़मीनें दे दिए जाएँ या फिर उनसे ज़मीनें छीन कर दरिद्रनारायण को ज़मीनें दिए जाएँगे | इस कशमकश की स्थिति में संत विनोबा दान की महिमा से अवगत कराते हुए कई जगहों पर श्रीमंत और ज़मींदारों को दान वीरता के लिए राज़ी कराने में कामयाब हुए | उनका काफिला भूमि दान, संपत्ति दान से चलते हुए ग्राम दान तक बढ़ता रहा | कहते हैं किसी भी कार्य में संत की भूमिका अगर बने तो वह मंगल कार्य हो जाता है | संपत्ति हस्तांतर के इस विशाल चक्र में भारत सरकार को ज़रा भी परेशानी नहीं हुई, क्योंकि वहाँ एक संत अपनी भूमिका निभा रहे थे और लोगों ने

खुशी खुशी ज़मीनें दान में दे दिया | बहुत बड़ी हिंसा को जन्म लेने से बचाया जा सका |

महात्मा अगर स्वराज और स्वावलंबन कोई तत्व दिए होंगे तो संत विनोबा ने हक़ीकत में उन तत्वों और विचारों को ज़मीन पर उतारने का काम किया | इतना ही नहीं उन्होंने जन जन को मंगल कार्य से जुड़ने का मौका दिया | समाज में भ्रातृत्व और मैत्री का तरंग उत्पन्न करते रहे | उनके जीवन का प्रत्येक पल नवीन रूप से आज़ाद हुए भारत के सभी हृदयों हो राष्ट्रीयता के एकसूत्र में पिरोने का काम करने के लिए ही निर्धारित था |

विनोबा एक ऐसे लोक सेवक थे और एक ऐसे सेनानी थे जिन्होंने राज नैतिक महत्वाकांक्षा और ध्रुवीय व्यवस्था से खुद को दूर रखा और जनता जनार्दन के लिए प्रेरक बने रहे | यहाँ तक की आचार्य विनोबा को मानने क़लों में भी हमें लगता है कि विनोबा ही कुछ बोल रहे हैं | आ. प्रवीणा देसाई के बारे में भी कुछ ऐसा ही कहा जा सकेगा; यह तो महसूस कर पाने की बात है | व्यक्ति अगर किसी पूर्वाग्रह से ग्रसित न हो तो इसे आसानी से ही महसूस कर सकेगा | ऐसा भी कहते हैं कि किसी पौधे की पहचान अक्सर फलों, पत्तों और टहनियों से की जा सकेगी | ऐसा ही कुछ विषय संत विनोबा और उनके संतानों के बारे में कहा जाना उचित है |

दान का अधिकार या सेवा !

आज़ाद भारत में एक क़ानून बना है , जिसके अंतर्गत सभी मुनाफ़ा कमानेवाली इकाइयों के लिए एक सरल नियम बनाया गया है कि सभी इकाइयों को अपने आमदनी का एक निर्धारित प्रतिशत समाज कार्य में दान देना होगा | यह उनके नैतिकता का मापक न होकर दायित्व होगा | दान को दायित्व बनाने की नौबत इसलिए भी आ गई क्योंकि सामाजिक दायित्व समझते हुए दान करने वाले विरले ही हैं; उसमें भी उनका स्वार्थ निहित पाया जाता है | इस परिस्थिति का भी निदान कई कंपनियों ने निकाल लिया | दान किए जाने वाली संपत्ति पर परोक्ष नियंत्रण रखने के लिए अपने रिश्तेदारों और परिवार जनों के द्वारा संचालित सेवा संस्थान आदि का निर्माण कर लिया | यह कुछ वैसा ही विषय है : बाँट रहे हैं राजा और बटोर रहीं हैं रानी | सरकारी तंत्र भी अपने ही चक्रव्यूह में फँसा हुआ है | हर एक विषय शाशकीय फरमान से शायद ही चल सके | यहीं पर एक संत की भूमिका अहम हो जाती है |

एक संत ही उस व्यवस्था में एक घटक और उत्प्रेरक बन सकेंगे जहाँ दान की महिमा का उचित सम्मान होता हो और जहाँ लोगों के विश्वास का रक्षण होता हो |

दक्षिण भारत स्थित रामेस्वरम की बात है | उन दिनों विदेश में आयोजित होने वाले किसी धर्म सम्मेलन में एक दर्शन तत्व समझने वाले और ठीक से अँग्रेज़ी बोल पाने वाले युवा को भेजना था | पहले तो उसे भाषण देने के लिए कहा गया ताकि उसके हुनर के बारे में किसी के भी मन में कोई संदेह न रहे , फिर उसे विदेश भेजने की बात बताकर लोगों से चंदा जमा किया गया; युवा राज़ी भी हो गये | उस कस्बे के राज घराने में बैठक होना था | चंदा जमा करने वाले कुछ युवा पैसों की गठरी लेकर राजा के घर आए और उस गठरी को बड़े ही शान से कमरे के बीच रखे मेज पर रख दिया | युवा सन्यासी की ओर इशारा करके बोले , "आपके विदेश जाने की तैयारी हो गई |"

उस युवा सन्यासी के चेहरे पर मायूसी छा गई | राजा को एक किनारे की ओर लेजाकर उसने कुछ कहा और पूरा किस्सा ही पलट गया | राजा तनिक शर्मिंदा होते हुए बोले , "मैं समझ सकता हूँ कि पैसे जमा करने में आप सबको काफ़ी तकलीफ़ हुई होगी, पर ऐसा है कि अभी भी हमारे मित्र यह तय नहीं कर पाए हैं कि वो विदेश जाने के काबिल हैं भी या नहीं |

अतः जहाँ से भी आपने उनका नाम लेकर पैसे जमा किए होंगे वहाँ जाकर दिए हुए दान वापस कर दें |"

मामला तो कुछ और ही था; जिस प्रकार से लड़के पैसे लाकर रखे और जिस प्रकार से उन्होंने सन्यासी के तरफ इशारा किया उन आचरणों से लगा कि दान जमा कर पाने के कारण उन सबका मन दंभ से भर उठा है | अगर पैसे ले लिए जाते हैं तो उन सबके मन में दंभ का बसेरा हो जाएगा | पर एक संत शायद ही दान लेकर किसी भी भक्त का अनिष्ट करे; यही कारण है कि उन्होंने दान लेने से इनकार कर दिया और वहाँ से और दक्षिण की ओर चल दिए | इस घटना से उन युवाओं का मन दंभ से ग्रसित होने से बच गया |

किसी भक्त के बारे में पढ़ने में आया था की वो बड़े ही प्रेम से दरगाह पर झाड़ू लगाता था और एक सेठ उसे उतना ही पैसा दान में देते थे जीतने में उसका गुज़ारा हो सके | एक दिन दूसरा कोई शराबी उस मज़ार पर आकर अनाब सनाब बकने लगा ; वही सेठ इस बार जेब में से जितना निकला उतना ही उसे देकर चुप करा दिए | इस घटना से मायूस होकर वह झाड़ू देने वाला सेवक मज़ार छोड़कर चला गया | कहते हैं किसी व्यक्ति की अहमियत का ज्ञान हमें तभी होगा जब वो अनुपस्थित रहे | मज़ार का गंदा रहना सेठ को उस सेवक की याद दिला रहा था | उसकी तलाशी चली , और उसी के घर से

पुनः उसे लाया गया| उसे भी लगा कि जब किसी धर्मस्थान से बुलावा आए तो ज़रूर जाना चाहिए | दूसरे ही दिन मज़ार को साफ सुथरा देखकर सेठ दौड़कर घर गये और वहाँ से अपनी दान पेटी उठाकर लाए | दान पेटी उस सेवक के हाथ में रखकर बोले, "मुझे मालूम हैं आप क्यों चले गये थे, आज से ये पूरा बक्सा ही आपका | जितना लगे इसीमें से निकाल लेना , यह मेरा वादा रहा कि पेटी खाली नहीं रहेगा |"

अब तो सेवक अपनी भूमिका समझ चुका था, उसे धन की रखवाली में भी लगाया गया | इस दायित्व से हिल पाना भी उसके लिए काफ़ी कठिन ही हो गया | अब पैसे उसी के ही पास क्यों न रहें, पर पेट भरने के लिए पर्याप्त पैसे निकालकर बाकी रकम अन्य लोगों में बाँट देने के लिए वह सेवक तत्पर हो उठा |

उप याचना

कुछ संत स्वाभाव ऐसे भी हैं जो कभी किसी से कुछ माँगना पसंद नहीं करते। उन्हें लगता है कि समाज को अगर लगने लगे कि संत को जीवित रखना है तो ज़रूर इसकी व्यवस्था हो ही जाएगी। अक्सर संतों के जीवन में ऐसे पड़ाव आते रहते हैं जहाँ उन्हें कठिनाइयों से गुजरने की नौबत आ जाएँ। शुद्ध व्यक्तित्व के धनी संतों को किसी भी परिस्थिति में विचारों और नियमों से समझौता करना मंजूर नहीं होता है। उप्याचना का व्रत लेकर निकल पड़ने वालों में संत विनोबा भी थे। अगर ऐसी ही बात है तो फिर उन्हें ज़मीन माँगने की बात कैसे सूझी? क्या उनका फिर उपयाचना का व्रत भंग हो गया? ऐसा बिल्कुल भी नहीं है ; इस प्रकार की याचना में जनता जनार्दन का कल्याण निहित होने के कारण उनका संत स्वभाव उस परम पुरुष सत्ता का काम किया जिसे व्यावस्था में प्रवेश न करते हुए सृष्टि की आकांक्षा सहित व्यवस्था को किसी चरम

उत्कर्ष के लिए प्रभावित और क्रियाशील करना था | जहाँ ज़मीन को लेकर के ही दुनिया भर के झगड़े होते हों वहाँ भूमि दान का यज्ञ संपन्न कर पाना अपने आप में ही एक विरल उपलब्धि है | उनके लिए प्रत्येक दान ही पवित्र और पावन था ; चाहे वो एक टुकड़े का ही दान क्यों न हो | जिनके पास जमा धन है उनके लिए दान एक मजबूरी सी हो जाती है, पर जिन्होंने श्रमानुभव से कुछ बचत किए होंगे उनके लिए दान एक पवित्र यज्ञ से कम नहीं |

दान की महिमा सदा के लिए यथावत रहने ही वाली है; भले ही कुछ लोग इसमें से अपने स्वार्थ को निकाल पाने के लिए तत्पर होते हों | दानवीरता की गाथा भी निरंतर सन्दर्भित होते रहने की संभावना है ; इस क्रम में भले ही कुछ नये आयाम और नये तंत्रों का जुड़ाव सम्बाव हो | भारत जैसे लोक तंत्रात्मक समाज में जन मानस के रुझानों को समझते हुए संरचनात्मक तंत्र को खड़ा करने की ज़रूरत है | इसमें सिर्फ़ सरकारी तंत्र लगे रहे और जनता जनार्दन मूक दर्शक बने रहे यह भी कांक्षित नहीं हो सकता ; एक समन्वय दृष्टि के साथ साथ साझी रण नीति विकसित करने की ज़रूरत है |

तीन गज भूमि

कहा जाता है विश्व विजय के अभियान पर निकलनेवाले सिकंदर के सामने सबसे बड़ी बाधा और सबसे तीव्र प्रतिबंध खड़ा करनेवाले योद्धा भारतीय ही थे | जब सिकंदर की सेना भारत भूमि से वापस जाने का मन बना लिया उस समय की एक घटना सम्राट को काफ़ी विचलित कर रहा था | उन्होंने देखा कुछ गिने चुने साधु महात्मा एक अजीब अंदाज में बगल की ओर उछल उछल कर ज़मीन का परिमाप लेते हुए जा रहे हैं | उनसे उनके ऐसा करने का कारण पूछा गया | उनका कहना था कि वे अपने लिए ज़रूरत की ज़मीन तलाश रहे हैं; मरने के बाद इंसान का सबकुछ खो जाता है, सिर्फ़ शरीर का अंतिम सत्कार करने के लिए एक टुकड़ी ज़मीन ही चाहिए; उतनी ही ज़मीन पर व्यक्ति अपना हक मान सकेगा | परिस्थितियाँ अगर विपरीत हो तो शायद वो ज़मीन भी नसीब न हो !

इस घटना से सिकंदर के अपने विश्व विजयी होने और सभी ज़मीनों पर हक जताने जैसे अभिमान को भारी धक्का लगा | उन्हें भी लगने लगा कि उनके मृत्यु के बाद शायद उनके साथि गण ज़रूरत की ज़मीन जुटा पाएँ या नहीं! इस बात से भी इनकार नहीं किया ज सकता कि जा सकता कि जंग के कुछ भी अंजाम हो सकते हैं : हार या फिर जीत | जंग में हार और जीत दोनों परिस्थितियों का विचार करते हुए व्यक्ति को भविष्य योजनाएँ बना लेने चाहिए | इस घटना के बाद सिकंदर के मन में काफ़ी उथल पुथल चलता रहा |

भारत से वापसा जाने की स्थिति में सिकंदर के मन में इस बात को लेकर धारणाएँ बन चुकी थी कि भारत भूमि को जीत पाना सबके लिए संभव नहीं है | अपने साथियों से विमर्श करते हुए उन्होंने कहा था , "भारत भूमि में तीन प्रकार के लोग रहते हैं; कुछ लोग ऐसे हैं जिन्हें प्रतिष्ठा की भूख है, कुछ और लोग ऐसे हैं जिन्हें रुपया - पैसा, धन संपदा पाने की इच्छा है | कुछ और लोग ऐसे भी हैं जिन्हें न तो प्रतिष्ठा चाहिए और न ही धन संपदा ,उन्हें सिर्फ़ अपने भक्तों का कल्याण करना है और सबको सुखी देखना है | यही तीसरी शक्ति भारत भूमि को समृद्ध और बलशाली बनाए रखा है | अगर हमें भारत भूमि

पर राज करना है तो इस तीसरी शक्ति को विश्वास में लेना होगा और योजनाओं को कार्यान्वित करना होगा |"

इस तीसरी शक्ति के समझ बूझ, रचानधर्मिता और क्रिया कौशल से उस समय के राज नेता भली भाँति परिचित भी थे | इस शक्ति की अनदेखी करने के परिणाम स्वरूप ही धन नंद को अपना राज पाठ समेटना पड़ा और पंडितों के प्रकोप का शिकार होना पड़ा | वही संघ शक्ति और विचार शक्ति के बल पर आचार्य चाणक्या एक स्वर्णिम भारत और एक कुशल राजा का निर्माण कर पाए | उनके अथक परिश्रम का ही नतीजा था कि अखंड भारत के मानचित्र को कुछ हद तक आकलित कर पाना संभव हो पाया | जिन उपद्रवी तत्वों ने तक्षशिला विश्वविद्यालय में सुरक्षित पोतियों को जलाया उन्हें लगा कि अब भारात में पनपनेवाली तीसरी शक्ति का अंत हो ही जाएगा | पर ईयसा समझ लेना उनकी एक ऐतिहासिक भूल थी |

राज घरानों की नाकामी और आपसी रंजिश के लिए भारत को समय समय पर विदेशी आक्रमण का शिकार होना पड़ा ; हमारे आखरी पांडव पृथ्वीराज चौहान के साथ भी कुछ ऐसा ही हुआ | उनके ही पड़ोसी राज्य के लोग उनके खिलाफ साजिस में सम्मिलित हो गये | पर बहुत जल्द ही उन्हें (जयचंद और विजयचंद) अपनी ग़लती का भान हो गया ; पर तबतक काफ़ी देर हो चुकी थी | एकता न रख पाने के कारण भारत को अपनी

अखंडता से फिर हाथ धोना पड़ा | अँग्रेज़ी और इस्लामी दोनों संस्कृति के आगमन से भारत के स्वरूप में भी एक समानांतर परिवर्तन आया और एकता के नये मंत्र से भारत के लोग ओतप्रोत होते चले | यहाँ भी उसी तीसरी शक्ति की भूमिका के बारे में हम सिकंदर की बातों को याद कर सकते हैं | इतने कुचले जाने के बाद भी जहाँ के लोग अपनी संस्कृति को नहीं छोड़ते हैं वहाँ के लोगों का आत्मबल कैसा है इसके बारे में हम अपनी समझदारी भी रख ही सकेंगे | उस वलिष्ठ मानस पर हमें गर्व भी होगा |

सबसे सटीक तत्व देनेवालों में हम आचार्य विनोबा की बात करें, जिन्होंने सभी संस्कृति के सम्मेलन से पनपनेवाले राष्ट्रीयता और जागतिक मैत्री के संपर्क को संवर्धित होते हुए देखना चाहा | ब्रह्म विद्या के संकर्षन के साथ साथ उन्होंने भारत भूमि को स्नात करनेवाले सभी संस्कृति और धर्म मतों का स्वागत करते हुए मानव मात्र के लिए जागतिक मैत्री के मंत्र को कल्याणकारी और युग परख तत्व माना |

स्वार्थ त्याग की संस्कृति से ही परमार्थ सधेगा; यह कई बार कई रूप में साबित होता आया, आगे भी ऐसा होता आएगा | विश्व के किसी कोने में अगर आतंकवाद और अलगाव की राजनीति पनपते हों तो हमें यह सोचना होगा कि उस परिस्थिति में हमसे क्या भूल हो गई | बंदूक ताने खड़ा रहना

व्यक्ति का पहला काम नहीं हो सकता, या तो उसे बाहर से कोई सहयोग और साधन दे, या फिर बाहरी किसी तत्व के बहकावे में आकर किसी समूह का एक छोटा हिस्सा अपने ही लोगों पर गोलियाँ दागे | इस परिस्थिति से समुदाय के लिए कमज़ोरी और नाकामी छोड़कर और कुछ हासिल होने का अनुमान नहीं लगाया जा सकता | विश्व समुदाय क्रमशः एक ऐसी संघीय व्यवस्था के लिए काम कर रही है जहाँ कर्म प्रधानता को ही सर्वाग्र मान्य किया जाएगा, न कि मज़हबी या जनजातीय पहचान को | जनजाति विषयक पहचान आनेवाले दिनों में शायद ही कोई पूछे !

कर्म प्रधान संस्कृति की ओर हम काफ़ी तेज़ी से जा रहे हैं | ऐसी परिस्थिति में हर व्यक्ति कुछ कर गुजरने की तमन्ना लिए एक स्थान से दूसरे स्थान की ओर जाने के लिए प्रयासरत रहेगा | कोई भी समूह व्यवस्था से वागवत तभी करने लगेगा जब उसे ऐसा भान होगा कि उसका स्वार्थ और परमार्थ साधित नहीं हो रहा है | ऐसी ही परिस्थतियाँ अन्य ठिकानों पर आतंकवाद और अलगाववाद पनपने के रूप में भी देखी जा सकेगी | किसी एक समूह के लिए जो आतंकवाद लगता हो किसी दूसरे समूह के लिए वो मुक्ति संग्राम भी लग सकता है | सरदार भगत सिंह हमारे लिए क्रांतिकारी हैं पर अँग्रेज़ी मूल के लोगों के लिए उन्हें आतंकवादी माना गया | मुक्ति संग्राम के

नेता सुभाष बोस को अपने ही देश से छिपकर अन्य लोगों का सहयोग प्राप्त करने के उद्देश्य से जाना पड़ा | मित्र सेना की नज़र में उनका कारनामा गैर क़ानूनी था ; और भारत में अंग्रेज जो भी कर रहे थे उसके बारे में काफ़ी दिनों तक दुनिया चुप्पी साधे रही |

न्याय का चक्र

किसी राष्ट्र की सीमा में एक न्याय का चक्र चलता है : भले ही ये समाजतंत्र से चले या लोकतंत्र से, या फिर तानाशाही से | वैश्विक धरातल पर न्याय के चक्र के साथ साथ हथियार का चक्र भी चल पड़ा है | सवाल यह पैदा हो रहा है कि जानबूझकर भी लोग आग में कूदने के लिए इतना उतावलापन क्यों जाता रहे हैं ? भियतनाम, इराक़ के बाद अफ़ग़ानिस्तान में मात खाने के बाद भी जंगी सनक को उसके मूल स्वरूप में रखते हुए अमेरिका और अधिक घातक हथियार का प्रदर्शन करने लग गया | हमें यह भी सोचना होगा कि अमेरिका के लोग सचमुच ही करुणा के पात्र हैं; किसी राष्ट्र या समूह को देने के लिए हथियार छोड़कर उनके पास और कुछ है भी नहीं | कभी भारत को सस्ते में खाद्यान उपलब्ध करानेवाले इसी अमेरिका ने पाकिस्तान से युद्ध बंद न करने की सूरत में सहायता बंद कर देने की धमकी दे डाला था | अगर आतंकवाद को मिटाकर किसी देश को समृद्ध बनाने ही वो निकले थे तो उस देश में

भारी मात्रा में हथियार क्यों जमा किया गया ? लोगों को उनके उद्योग धंधों से क्यों न जोड़ा गया ? क्यों उन्हें आपस में छोटे छोटे गुटों में लड़ने दिया गया ?

कहते हैं व्यक्ति जीवन में स्वार्थ को पूरी तरह छोड़ा नहीं जा सकता, पर इसके दायरे को ज़रूर बढ़ाया जा सकेगा | आज गंधार में बसने वाले लोगों को देखकर हमें पीड़ा हो रही है | क्यों न उन सभी समूहों को एक सूत्र में पिरोकार लोकतंत्र के रूप में उभरने के लिए प्रेरित किया जाय! क्यों न उन्हें करीब बिठाकर सभी प्रकार से लोक सत्ता कायम करने लायक व्यवस्था निर्माण करने के लिए तैयार किया जाय ! प्रश्न यह भी निर्माण हो सकता है कि इन सब विचारों को कह देना तो आसान है पर भली भाँति इसका पालन कर पाना काफ़ी कठिन है | यहाँ स्वार्थ त्याग की बात आ सकती है | कुछ लोग यह भी कहेंगे कि कई मुल्कों ने वहाँ बहुत पैसा खर्च किया; नतीजा ज्यों के त्यों! पैसा शायद बहा भी होगा तो पानी की तरह, आया और गया ; रास्ते में अगर खेतिहर ज़मीन आते होंगे तो थोड़ी हरियाली आ गई होगी | योजनाएँ बनें और उसमें स्थानीय लोगों का विचार बुद्धि न समा सके तो उसकी सफलता भी मुश्किल से ही देखी जा सकेगी | अमेरिका के बारे में भी कुछ ऐसा ही कह सकेंगे; खुद ही डब्बा भरकर खाना ले गये और खुद

ही खा गये , उसमें से बचनेवाला एक आधा टुकड़ा वहाँ के लोगों को दे दिए होंगे | समाधान सूत्र तलाश करने के रास्ते में कई सरकार का आना और कई सरकार का विदा होना भी किसी विडंबना से कम न था |

भारत भूमि के बारे में यही सर्वमान्य हक़ीकत है कि भारत के पास दुनिया को देने लायक बहुत कुछ है | सबसे बलिष्ठ और दूरगामी परिणाम देनेवाला है "तत्व और विचार", जिसके बल पर दुनिया को समृद्ध किया जा सकेगा | विचारवंत लोगों के ज़रिए ही ज्ञान की गंगा बहेगी, ऐसे ज्ञान के प्रकाश में ही लोग उद्यमी हो सकेंगे और उसी उद्यम के रास्ते धन और राष्ट्रीय पूर्णता को मूर्त होता हुआ देखा जा सकेगा |

संत विनोबा को हम एक आधुनिक विचारधारा का संत मान सकेंगे | उनके प्रयासों में सर्व समावेशक समाधान सूत्र रहता था | इस समाधान सूत्र के आधार पर ही उन्होंने संस्थाओं का स्वरूप उद्घाटन किया और व्यक्तिगत सत्याग्रह के अधिकारी बने | आज़ादी के समय जैसी परिस्थितियाँ बनी उसके मुताबिक ही उनके कारनामों को मूर्त होता हुआ देखा गया | उनका स्वरूप ही कुछ अंतर्मुखी विज्ञान के आधार पर चलता था |

एक और तपस्वी कुछ इस प्रकार ही थे जिन्होंने एक वृहत्तर अखंड भारत को और उसके स्वरूप को मूर्त होता हुआ देखना चाहते थे | हमें यह भी नहीं भूलना चाहिए कि ऋषि अरविंद के मन में अखंड भारत का सपना अचानक से नहीं आया था; बल्कि उन्होंने सांस्कृतिक, राजनैतिक और भौगोलिक जोगसूत्र को आधार मानकर भारतीय उप महाद्वीप को एकीकृत होता हुआ देखना चाहते थे | उसी सर्व समावेशक एकसूत्र का हिस्सा गंधार भी था | उनकी कल्पना में सार्विक अध्यात्मिक और वैचारिक उत्कर्ष पाने का प्रयास करते हुए ही मानव को एक दूसरे से दूरियाँ कम करते हुए विश्वव मानव के रूप में उन्नत होना होगा | हम कभी भी अपनी आकांक्षाओं और मान्यताओं को अन्य समुदाय पर न थोपते हुए समन्वय की दृष्टि रखें और सहजीवन के मंत्र से ओतप्रोत होते हुए सार्विक प्रगती का मार्ग निकालें |

विकसित समुदाय कभी ऐसा सोचने की भूल न करे कि अन्य विकासमुखी समुदायों की अनदेखी करते हुए उनका समाधान सूत्र निकल जाएगा | हथियार बनाने वाले देशों को सदैव एक ही चिंता सताती है: अगर चारों तरफ अमन और चैन का माहौल रहेगा तब उनके हथियारों का क्या होगा | अमेरिका का यही प्रयास रहेगा कि अन्य सभी देशों को डरा धमकाकर अपना वर्चस्व कायम रखा जा सकेगा | सबको साथ लेकर चल

पाने की मानसिकता से अगर उनका उत्थान नहीं हो पाया तो उन्हें अदूर भविष्य में और बड़ी कीमत अदा करने के लिए तैयार रहना होगा | यह विषय अन्य विकसित मुल्कों के बारे में भी समान रूप से प्रासंगिक होंगे | सवाल यह पैदा होता है कि क्या भारत इस स्पर्धा में कभी आ पाएगा, या फिर दो मुल्कों के बीच शाब्दिक जंग तक ही सिमटा रहेगा ? भारत , चीन और पाकिस्तान जैसे देशों को आपस में उलझाए रखनेवालों की एक ही मंशा है : एशिया के इस प्रांत में हथियार ही होड़ शुरू हो जाए और सभी देश उस स्पर्धा में बने रहने के लिए खर्च करें | उस सामरिक खर्च में से अन्य संप्रदाय और अलगाव पैदा करनेवालों को भी अपना गुज़ारा करने का मौका मिलेगा | इसे जड़ से समाप्त करने के लिए सामुदायिक स्तर पर महा सम्मेलन बनाते हुए समग्रता की दृष्टि रखते हुए समुदाय के सभी वर्गों को क्रियाशील रखना होगा ताकि अलगाव का पौधा जड़ें पसारने का प्रयास ही न कर पाए | हर एक विषय के लिए हमें विकसित देशों की ओर देखने की भी ज़रूरत नहीं हैं | तिजोरी भरनेवालों को सदैव ही तिजोरी खाली हो जाने का डर सताता है | उस डर से वे कुछ ऐसा कर बैठते हैं जिसका हमारे पास कोई व्याख्या नहीं है |

जैन मुनि आचार्य तुलसी कहा करते थे : सुधरे आदमी देश और समाज अपने आप ही सुधर जाएगा | जाहिर सी बात है , अगर

आदमी अपने आदमीयत के मंत्र से कुशलतापूर्वक कार्य करे तो समाज का सुधारना तय है | हमें इसी लिए प्रयास उस समुदाय स्तर से ही करने की ज़रूरत है, ताकि समुदाय के सभी घटक खुद को इतना वलिष्ठ कर लें जिसके बल पर बाहरी शत्रु का डटकर मुकाबला किया जा सके | हिंसा का सहारा लेकर पनपनेवाले समुदाय भी अब यह समझने लग जाएँगे कि बंदूक के बल पर ज़्यादा दूर नहीं चला जा सकेगा | सूचना तंत्र का जाल और समुदाय स्तर की समझ कहीं ज़्यादा बलशाली है और किसी भी देश या समुदाय की व्यवस्था को प्रभावित करने के लिए काफ़ी है | आर्थिक और वैचारिक गुलामी को ताक़त की गुलामी से कहीं ज़्यादा घातक समझना होगा |

आतंक का बुलबुला अगर किसी भी देश में ज़्यादे दिन तक पैर पसारता रहे तो उसके दुष्परिणाम भुखमरी, ग़रीबी, बेरोज़गारी और विपरीत मुखी प्रतिका रात्मक आतंकवाद के रूप में देखा जा सकेगा | आज हम एक ऐसी पतली लकीर के आधार पर बात कर रहे हैं जहाँ खाड़ी युद्ध और अफ़ग़ान युद्ध के औचित्य पर ही सवाल खड़े हो रहे हैं | कई देश आज भी विश्व मानचित्र पर मिलेंगे जहाँ तानाशाह का बादल मंडराता है | भारी रकम खर्च करके उन तानाशाहों को कुचलने के लिए अभियान चलाने के निर्णयों पर हमें पुनर्विचार करना होगा | अगर वैसी तानाशाही दुनिया को मंज़ूर नहीं है तो क्यों न उन्हें

विश्व बिरादरी से अलग कर दिया जाय | आज की स्थिति में कोई भी समूह ऐसा अलग थलग नहीं रहना चाहेगा, या नहीं रह सकेगा | जाहिर सी बात है कि उन तानाशाहों को अपने निर्णयों और आचारणों को दोबारा परखते हुए राष्ट्र को विश्व समुदाय का हिस्सा बनने लायक तैयार करना होगा |

मौके का फ़ायदा उठाना, किसी भी समुदाय की कमजोरी का लाभ उठाते हुए उनके अधिकारों का दोहन करना और परिस्थितियों को न समझते हुए किसी एकतरफ़ा निर्णय को अमल में लाना आदि विश्व शांति के मार्ग में सबसे बड़ी और प्रबल बाधाएँ हैं | इनको बढ़ावा देनेवाले तत्वों को निरस्त करना होगा, अपितु इन बाधाओं को दूर करते हुए विश्व नागरिकता के मंत्र से जनमानस को ओतप्रोत करना होगा | इस दीर्घसूत्री कार्य के लिए हमें वही तीसरी शक्ति पर भरोसा रखते हुए रणनीति बनाना होगा | तीसरी शक्ति, जिस ओर सम्राट सिकंदर इशारा कर चुके थे, भारत की तहज़ीब है; इसी तहज़ीब से विश्व बिरादरी को परिचित कराना होगा और हमें भी उस विधि को समझते हुए अपनी भूमिका तय करते हुए अग्रज के रूप में अवतरित होना होगा |

आतंक का बादल

अफ़ग़ानिस्तान का नाम आते ही हमें काबुलीवाला शीर्षक एक कहानी याद आ जाती है जिसमें रहमत को एक नेक, ईमानदार और सत्यवादी पठान के रूप में दिखाया गया था | रहमत कलकत्ता की गलियों में पेस्ता, बादाम, अखरोट आदि बेचता था और एक सराइखाने में नेकी पर आधारित जीवन जी रहा था | झूठ और प्रपंच बर्दाश्त न कर पाने की अवस्था में एक स्थानीय व्यापारी से उलझ गया था | कभी ऐसा भी काल आया था जब अहमद शाह अब्दाली दिल्ली को खून से लाल कर दिए थे | मराठा जनजाति को तीसरी पानीपत से अब्दाली के हाथों बर्बादी के कराल ग्रास में आना पड़ा | दोनों के शक्ति परीक्षण का वह दौड़ मराठा जनजाति को काफ़ी ठेस पहुँचाया था | आज भी वहाँ के लोग उस जंग को शायद ही भूल पाते होंगे | वही अब्दाली अफ़ग़ानिस्तान में राष्ट्र निर्माता के रूप में पूजे जाते हैं ! कभी ऐसा भी काल आया जब अफ़ग़ान के साथ बड़े बड़े देशों की अशांति के कारण माहौल तनावपूर्ण रहता था |

अगस्त २६, २०२१ का वो समय जब काबूल हवाई अड्डे पर अपनी जान से हाथ धोने वालों को पहचाने जाने के लिए इधर उधर भागते हुए समूहों को देखा जा रहा था | इसका अनुमान हम बड़ी आसानी से लगा ही सकते हैं कि उन निरपराध लोगों पर क्या बीत रही होगी; कइयों को तो पहचाना ही नहीं जा रहा था |इस्लाम कट्टरपंथ का पनपना और अलग अलग नाम से जाने जाने का विषय एक ऐसी नियती है जिसके अंतर्गत आम नागरिक भी संकट में आ जाते हैं | विषय ऐसा भी सुनने में आता है कि कट्टरपंथ समुदाय किसी भी नाम से जाने जाते हों , हक़ीकत में उनका मूल एक ही है |

सन २००१ से अमेरिका और उसके साथी देश अफ़ग़ानिस्तान के अंदर इस बात के लिए उलझे रहे जिसके अंतर्गत अफ़ग़ान मूल के लोगों को आधुनिक संस्कृति का पाठ पढ़ाना था और उन्हें सुसंस्कृत बनाना था | अमेरिका के पहले वहाँ कई साल तक राशिया उलझे रहा | समाधान न मिल पाने के कारण राशिया ने वहाँ से खुद को अलग रखना उचित समझा | अमेरिका का रुख़ भी सकारात्मक रहा होगा, यह एक तर्क का विषय है | समस्या इस बात को लेकर भी हो रही है कि अमेरिका का दिया हुआ आधुनिक हथियारों पर तालिबान का नियंत्रण कैसे हो गया | जाहिर सी बात है कि उनके पास अधिक शक्ति का केन्द्रीभूत हो जाना एक नियति है | निरंतर

जंग में उलझे रहने का ही नतीजा है किवहाँ के आम जनों का जीवन ग़रीबी से ग्रस्त होता रहा; परिस्थितियाँ सुधरने के बजाय और बदतर होती चली गई |

समस्या और गंभीर तब हो गई जब अमेरिका ने यह तय कर लिया कि अगस्त (२०२१)महीने के अंत तक उन्हें अफ़ग़ानिस्तान से निकल जाना है ; वही रिक्त स्थान था जिसे भरने के लिए सभी आतंकी संगठन कमर कसने लग गये थे | कई आतंकी संगठन आपस में भिड़ने भी लगे | तालिबान की पकड़ ज़्यादा होने के कारण उन्हें ज़्यादा ज़मीन मिलने लग गई |

लोगों को सिर्फ़ इस बात का भय है कि तालिबान का जो स्वरूप है , या उनका पिछला जो स्वरूप रहा है उसके कारण भी कई देश तालिबान को मान लेने के पक्ष में नहीं हैं | इस विषय में अंतर राष्ट्रीय समुदाय दो धूरियों में बँटते हुए देखा जा रहा है | १९९६ से २००१ के बीच अफ़ग़ानिस्तान में तालिबान हुकूमत के कारण जो अलगाव और आतंक का राज चल पड़ा था उसके कारण भी लोग इस संगठन पर भरोसा नहीं कर पा रहे हैं | ऐसी ही वृत्ति के कारण वहाँ से भारी संख्या में लोग निकलना चाह रहे हैं | तालिबान या उस प्रकार के अन्य संगठनों को परास्त करके वहाँ लोकतंत्र कायम करने के लिए अमेरिका उस देश में दाखिल हुआ | उनके सामने चुनौतियाँ कई थी, संकट

भी गंभीर था, लोग कई गुटों में बँटे हुए थे | इस परिस्थिति में कई आतंकी संगठनों ने उस देश को अपना घर बना लिया | लोगों को भी लगने लगा कि अब शायद अफ़ग़ानिस्तान को एक आधुनिक राष्ट्र के रूप में देखा जा सकेगा | इस बात को धूमिल करते हुए वहाँ अगस्त २०२१ ख़त्म होते होते समस्याओं का अंबार लग गया |

कर्म कौशल

अपने भारतीय संस्कृति में कर्म कुशलता के बारे में ज़्यादा चर्चा होती है | ज़मीन से जुड़े लोगों को सुदृढ़ बनाने के माध्यम से किसी देश या समुदाय को सुदृढ़ बनाया जा सकता है | युद्ध संस्कृति के आदि संस्था और संगठन के लिए युद्ध संस्कृति का ही पोषण हो पाएगा; इस बात से हम कदापि इनकार नहीं कर सकते | यही कारण है कि आए दिन सभी शक्तिधर देश उस युद्ध संस्कृति में गोते लगा लगाकर थक जाते हैं और उस समुदाय को ज्यों का त्यों उनकी स्थिति पर छोड़ देते हैं | उनके प्रयासों और नियोजनों का एक ही आधार रहता है: आतंक का दमन उससे और भयंकर आतंक का प्रदर्शन करके किया जाय | ऐसा करते समय लोग यह भी भूल जाते हैं कि आतंक की भूमि पर ही हिंसा का बीज़ारोपण हो जाता है | इतना तो दावे के साथ कहा जा सकता है कि रोज़गार और उन्नत जीवनचर्या का मौका मिल जाने के बाद मौत का सौदा शायद ही किसी को पसंद आए |

प्रश्न इस बात के लिए भी निर्माण हो रहा है कि अमेरिका का इतना पैसा, इतना समय, इतना संसाधन और इतना प्रयास अफ़ग़ान की भूमि पर पूरी तरह विफल पाया गया | कई प्रयास तो भारत की ओर से भी किए जा रहे थे, उन सभी प्रयासों मे कई अरब रुपये खर्च भी हुए | उनके नागरिकों को भारत लाकर यहाँ के महाविद्यालयों और उद्योग संस्थाओं में प्रशिक्षित करने का प्रयास भी आधा अधूरा साबित हुआ |

इतना तो हम भी समझ जाते हैं कि ज़्यादा पैसा खर्च करके किसी अन्य देश में दाखिल होनेवाली संस्था कुछ हासिल किए बिना वहाँ से वापस आना शायद ही मंज़ूर करे | अगर किसी देश की सेना को हम किसी आतंकी संगठन के सामने घुटने टेकते हुए देख लें तो उस देश की व्यवस्था और तंत्रात्मक प्रणाली पर सवाल उठाए जा सकते हैं | सिर्फ़ इतना ही नहीं हम अमेरिका के कार्य प्रणाली और मंशा के बारे में भी आश्वस्त होना पसंद करेंगे | अमेरिका को लगता था कि और भी अन्य देश उसके साथ कंधे से कंधा मिलाकर अफ़ग़ानिस्तान में उसके सैन्य बहाली का समर्थन करते हुए उसे वहाँ बने रहने के लिए निवेदन करेंगे | ऐसा कोई सकारात्मक रुख़ न देखते हुए आख़िर वहाँ से मित्र सेना का हटाया जाना तय हो गया | शंका इस बात की भी जताई जा रही है कि अमेरिका के शत्रु पक्ष के कई नेता सिर ऊँचा कर रहे

हैं और फिर से समूचे विश्व में आतंक का जाल बिछाने के लिए धूरी की तलाश में हैं | अफ़ग़ानिस्तान की ज़मीन इस मामले में काफ़ी असर देनेवाला साबित हो सकता है | इसका कारण हम पहले ही चर्चा कर चुके हैं | आतंक की भूमि पर ही हिंसा का पौधा पनपता है ; पक्ष और प्रतिपक्ष तो बदलते ही रहते हैं |

सवाल यह भी पैदा हो रहा है कि इतने बड़े आतंकी संगठन को पैसा कहाँ से आ रहा है ? क्या सिर्फ़ बाहरी सहायता सामग्री से उनकी माँगें पूरी हो जाती होगी या फिर उन्होंने आंचलिक स्तर पर भी जड़ें जमा लिए होंगे! इसका सीधा समाधान बताते हुए कई शोध कर्ताओं ने यह तत्थ्य निकाला है कि जिहादियों के आमदनी का एक बड़ा हिस्सा कर वसूली के रूप में आता है | उन्हें स्थानीय तौर पर अफ़ीम उत्पादक किसानों से और अन्य व्यापारियों से पैसे मिलते हैं | हेरोइन बनाने वाली प्रयोगशालाओं से भी वह संगठन कर वसूलता है | इन सबसे तालिबान को हर साल करीब तीन हज़ार करोड़ रुपए के बीच की आय होने का अंदाज़ा लगाया जाता है ; आँकड़े समय समय पर कम ज़्यादा होते रहते होंगे |

२०१८ में अमेरिकी कमांडर जनरल जॉन निकोलसन ने एक रिपोर्ट में कहा था कि तालिबान को उसकी आय का ६० फ़ीसदी हिस्सा अवैध नशीले पदार्थ के धंधे से आता है | आँकड़े जो भी हों इतना तो तय है कि जिस देश के सिर पर किसी आतंकी

संगठन का साया हो उसमें गुजर बसर करने वालों का जीवन तो सर्वशक्तिमान ईश्वर के भरोसे ही चलता होगा |

आतंकी संगठन को चुन चुनकर मारे जाने का सिलसिला कभी ख़त्म न होनेवाला प्रकरण है | पहला प्रश्न यही निर्माण होता है कि अगर वहाँ कोई व्यवस्था कायम न हो पाती है तो वहाँ रहनेवाले संप्रदाय के एक हिस्से को लोक-तंत्रात्मक तरीके से तैयार कर लेना ही समीचीन होगा | थोड़े देर के लिए अगर यह मान भी लें कि अफ़ग़ानिस्तान के हर घर में आतंकी सगठनों की जड़ें पसर चुकी है तो हमें पूर्ण विराम की ओर जाते हुए उनसे राजनैतिक रिश्ते ख़त्म कर देने पर विचार करना होगा | आधुनिक विश्व परिमंडल में सिर्फ़ बंदूक के बल पर सरकारें नहीं चल सकती | अगर अफ़ग़ानिस्तान में ज़्यादा हालात बिगड़े तो उन्हें भी आर्थिक प्रतिबंधों का शिकार होना होगा | उसपर हिंसक विधाओं पर विश्वास रखनेवाले लोगों को भी गंभीर परिणाम भुगतने के लिए तयार रहना होगा |

अमेरिका भले ही वहाँ से अपने आप को समेट ले और अन्य कोई देश खुद को वहाँ उलझन में डाले; प्रक्रिया जहाँ से शुरू हुई थी वहीं पर आकर ख़त्म हो गई है | सवाल यह पैदा हो रहा है

अब शुरू करें भी तो कहाँ से, लोगों को विश्वास में लेने की कोई सकारात्मक प्रक्रिया क्या हो सकती। एक उपाय यह भी हो सकेगा कि स्थानीय उद्यमियों को वहाँ के संसाधन और उद्योग प्रक्रिया से जोड़े जाएँ। जिस प्रकार के उद्योग धंधों में लोगों को रूचि है और जन मानस का रुझान है, उसी उद्योग धंधों से रास्ते निकालने का प्रयास करना उचित होगा। संस्कृति को थोपे जाने से समाधान सूत्र मिलने के बदले उलझनें बढ़ने की संभावना ज़्यादा है। हमें भी इस्लाम के कुछ विषयों पर आस्था और विश्वास रखते हुए उस धर्म -मत से वास्ता रखनेवालों के लिए कौमी एकता लाने के लिए प्रयास करते हुए विकास मुखी समाज निर्माण हेतु उन्हें प्रोत्साहित करना होगा।

किसी आतंकी संगठन को ख़त्म करने के लिए अन्य किसी आतंकी संगठन को खड़ा करना और उस संगठन का पोषण करना - यह होई विज्ञान मनस्क आधुनिक प्रबंधन का हिस्सा नहीं हो सकता। इस स्पर्धात्मक जंग को विराम देते हुए राष्ट्र संघ को रचनात्मक निर्णय लेते हुए अफ़ग़ानिस्तान के सिर के उपर से हिंसा और प्रपंच का साया हटाना होगा।

एक कमजोर देश दूसरे किसी कमजोर देश की पीड़ा को समझ सकता है, समाधान सूत्र भी तलाश कर सकता है और उन समाधान सूत्र पर अमल भी कर सकता है पर जंग के मैदान में नहीं उतर सकता है | भारत और अफ़ग़ानिस्तान के विषय में भी यह सच है; अफ़ग़ानिस्तान को भी पता है कि भारत की कमजोर नसों को समय समय पर दबाते रहना चाहिए; मुद्दा कश्मीर से जुड़े वैश्विक समस्या के बारे में है | भारत से दीर्घ सूत्री सहायता पाने की उम्मीद भी है, अतः मैत्री के रास्ते ही तलाशे जाएँ, न कि दुश्मनी के | अन्य देश भी भारत के रुख़ का इंतजार कर रहे हैं और यह भी मान रहे हैं कि समझदारी के साथ कदम बढ़ानेवालों के साथ ही कदम ताल में मेलबंधन करते रहना होगा; न कि जंगबाज किसी मुल्क के साथ | नागरिकों का निकाला जाना सिर्फ़ एक अंतर्वर्ती समय के मुताबिक वक्त की नज़ाकत को दिखते हुए उठाया गया कदम है |

आगे क्या ?

परिस्थितियाँ जो भी हो, जंग की आग सन १९४५ से ही निरंतर सुलगती रही है | कोई भी विकसित देश जागतिक मानवीय मूल्य के आधार पर अपने ज़िम्मेदारियों से इनकार नहीं कर सकता | उनकी भूमिका को दो स्पष्ट ध्रुवों में केन्द्रीभूत होते हुए देखा जा रहा है | इसबार केंद्रीय भूमिका में

राशिया और अमेरिका को न देखते हुए हम चीन का स्थानांतरण राशिया से कर सकेंगे | भले ही परिस्थिति स्पष्ट न होते हों पर भीतर ही भीतर उनके पनपने का और विश्व परिमंडल को प्रभावित करने का समीकरण कागज़ी योजना से निकलकर विश्व परिमंडल में सन्दर्भित होने लग गया है | सत्ता और क्षमता के विश्व समीकरण में आतंकी संगठन सिर्फ़ मोहरे का काम करेंगे | उन्हें कुछ ख़ास हासिल हो जाएगा ऐसी मान्यता रखने का कोई औचित्य शायद ही सन्दर्भित हो पाए | सबको अपने नागरिकों के लिए आमदनी के श्रोत तलाशने और उन्हें खुशहाल रखने का का सवाल है | इस उद्देश्य की पूर्ति के लिए ही संस्थाएँ और संगठन आपस में लड़ रहीं हैं | इन सबको साम्य और भाईचारे के रास्ते से मीलों दूर टहलते हुए देखे जा सकेंगे | भारत भी कुछ हद तह द्विविधा की स्थिति में है, और उसे अपनी कमजोर नसों को बचाते हुए आगे बढ़ना होगा |